Digitale Autorschaft im Web 2.0 am Beispiel eines Instagramprofils

Lisa-Marie Osterhaus

Bibliografische Information der Deutschen Nationalbibliothek:

Die Deutsche Nationalbibliothek verzeichnet diese Publikation in der Deutschen Nationalbibliografie; detaillierte bibliografische Daten sind im Internet über http://dnb.d-nb.de abrufbar.

ISBN: 9783346585523
Dieses Buch ist auch als E-Book erhältlich.

Druck und Bindung: Books on Demand GmbH, Norderstedt Germany
Gedruckt auf säurefreiem Papier aus verantwortungsvollen Quellen

Das vorliegende Werk wurde sorgfältig erarbeitet. Dennoch übernehmen Autoren und Verlag für die Richtigkeit von Angaben, Hinweisen, Links und Ratschlägen sowie eventuelle Druckfehler keine Haftung.

Das Buch bei GRIN: https://www.grin.com/document/1158221

Universität Hamburg | SoSe 20

Fachbereich Sprache, Literatur und Medien

Digitale Autorschaft im Web 2.0

Am Beispiel von dem Instagramprofil @vonkopfbisfuss_

Vorgelegt von:

Lisa-Marie Osterhaus

Inhaltsverzeichnis

I. Einleitung

Personen, die ein literarisches Werk schaffen, sind Autor:innen, literarische Werke werden von Autor:innen geschaffen. Die Konzepte von Autorschaft und Werk sind in dem Sprachgebrauch und in der Literaturwissenschaft fest verankert. Sie scheinen sich gegenseitig zu bedingen und zu erklären und gelten als zentrale Parameter der Diskussion um (moderne) Literatur.

In Zeiten der Digitalisierung verändern sich nicht nur das soziale Miteinander der Gesellschaft sowie die Informationsbeschaffung und Kommunikation, sondern auch der Zugang und Umgang mit der Kultur, einschließlich der Literatur. Durch die Möglichkeiten, die die Digitalisierung mit sich bringt, werden viele Texte und literarische Werke digital am Bildschirm rezipiert. Das Internet, das Web 2.0, beeinflusst jedoch nicht nur den Umgang und die Art des Rezipierens des Geschriebenen, darüber hinaus entwickelt sich auch das Schreiben selbst. Alle, ob klassische:r Autor:in oder nicht, haben durch das Web 2.0 die Möglichkeit in verschiedenen Formen, Texte zu schreiben, zu editieren und zu veröffentlichen, ganz ohne Verlag. Wenn also das sich stets weiterentwickelnde Internet Einfluss auf die Literatur nimmt, so werden auch die Autorschaft und der Werksbegriff nicht unberührt bleiben können. Was genau definiert also eine Person als Autor:in und was passiert mit diesem Konstrukt im Web 2.0, in den Sozialen Medien, in denen auch die Möglichkeiten für Veröffentlichungen und Publikationen zahlreich erweitert werden?

Die folgende Arbeit versucht auf diese Fragen Antworten zu finden. Hierzu wird zunächst der Begriff der Autorschaft definiert. Es werden verschiedene Theorien aus der Literaturwissenschaft zur Autorschaft hinzugezogen. Im weiteren Verlauf wird das Web 2.0 betrachtet, um anschließend die Rolle der digitalen Autorschaft zu untersuchen. Dies erfolgt am Beispiel des *Instagram*-Accounts *@vonkopfbisfuss_*. Die Influencerin Jana Huhn nutzt die Plattform *Instagram* unter anderem für Micro-Kolumnen. Die Bilder fungieren als Titel der Texte in den eigentlichen Bildunterschriften. Die Influencerin wurde also über eine einst reine Bilderplattform zu einer Autorin, oder? Dieser Frage gilt es nachzugehen.

II. Autorschaft

Der Begriff Autor:in leitet sich von dem lateinischen Wort *auctor* ab und bezeichnet die geistigen Urheber:innen oder Verfasser:innen eines Textes oder eines (schriftlichen) Werkes. [1] Diese werden durch den eigenen und produktiven Schreibprozess von Herausgeber:innen und Editor:innen abgegrenzt, die ein Werk bearbeiten oder publizieren. Der Autorenbegriff ist in „unterschiedlichen sozialen Handlungsfeldern [aufzufinden] – z.B. Rechtssystem, Wirtschafts-system, Erziehungssystem – […] und übernimmt selbst innerhalb der Literatur-wissenschaften unterschiedliche Funktionen, u.a. bei der Identifikation, Klassi-fikation, Interpretation und Bewertung von literarischen Texten". [2] Die Literatur-wissenschaft differenziert zunächst zwischen den historischen und den impliziten Autor:innen. [3] Die sogenannten historischen Autor:innen bezeichnen die realen Urheber:innen und Verfasser:innen von Texten. Währenddessen werden die Vorstellungen der Rezipient:innen, die sie sich von den Autor:innen machen, als implizite Autor:innen bezeichnet. Die historischen Autor:innen als Urheber:innen und Verfasser:innen sind zentraler Bestandteil der Diskussion um (moderne) Literatur. Deren Relevanz und Stellung wird jedoch in unterschiedlichen Theorien verschieden bewertet.

Der Begriff der Autorschaft, wie er heute verwendet wird, besteht erst seit dem 18. Jahrhundert und steht im engen Zusammenhang mit der Entwicklung literarischer Produktionen und dem literarischen Markt. [4] Autor:innen werden als Verfasser:innen von Schriften zu „Rechtssubjekt[en] […] im Sinne einer Urheber-auffassung, die Autorschaft mit den Werten Originalität und Eigentümlichkeit und die Frage nach dem A. mit dem Kunstcharakter seiner Werke verknüpft." [5] Vor dem Hintergrund der Aufklärung gewinnen Autor:innen an Individualität und Bedeutung. Die Autorschaft und der Werksbegriff werden zu wirtschaftlichen und

---

[1] Vgl. Burdorf 2007, S. 60.

[2] Ebd. S. 61.

[3] Vgl. Gfrereis 2005, S. 16.

[4] Vgl. Bäumer 1994, S. 33.

[5] Ebd. S. 33.

rechtlichen Instanzen, um den literarischen Markt zu regulieren. Die Autor:innen erlangen das Recht auf geistiges Eigentum, nachdem sie zuvor lediglich als Eigentümer:innen der Manuskripte galten. Kopien und Nachdrucke konnten durch Verleger:innen ohne die Einwilligung der Autor:innen produziert und verbreitet werden.[6]

In der Entwicklung der Autorschaft werden drei wesentliche Merkmale für diese herausgearbeitet:

> *„Ästhetisch-ideologisch:* Autorschaft als Kennzeichen stilistischer Individualität, Originalität oder Genialität;
> *Psychologisch-hermeneutisch:* Intentionalität als biographische Setzung einer Werkeinheit;
> *Juristisch-ökonomisch:* Markierung des Eigentumsanspruchs am Werk, der Urheberschaft, die durch Institutionen als Verwertungsrecht gewahrt wird."[7]

Während des 20. Jahrhunderts sind jedoch mehrere Herabstufungen und Brüche in der Relevanz der Autor:innen und des Autorenbegriffs erkennbar.

II.I. Der Tod der Autor:innen

Einer der bekanntesten Einschnitte besteht in dem *Tod der Autor:innen*, ausgerufen durch Roland Barthes, unterstützt durch Foucaults Aufsatz *Was ist ein Autor?*.[8] Diese gelten als einflussreichstes „Plädoyer für die Verabschiedung de[r] Autor[:innen] aus der Interpretation literarischer Texte".[9] Roland Barthes wendet sich gegen die Bedeutungshoheit der Autor:innen gegenüber den Werken und lenkt die Fokussierung auf die Autonomie literarischer Texte. Damit erkennt er Autor:innen als neumodische Instanz, die im Zuge der Aufklärung geschaffen wurden. Außerdem stellt er die Rezipient:innen als bedeutungstra-

---

[6] Vgl. Tuschling 2006, S. 34.

[7] Ebd. S. 35.

[8] Vgl. Hoffmann/Langer 2007, S. 131 f.

[9] Jannidis et al. 2007, S. 181.

gende Instrumente vor. Er kritisiert besonders die Beschränkung eines Werkes auf die jeweiligen Autor:innen. Die Bewunderung für ein Werk oder dessen Analyse und Interpretation würde zu eng und zu starr an die Autor:innen geknüpft. „Die Erklärung eines Werkes wird stets bei seinem Urheber gesucht",[10] stattdessen soll die Schrift selbst in den Vordergrund gerückt werden, schließlich transportiere die Sprache selbst den Inhalt und nicht die Autor:innen. Barthes entwickelt infolgedessen den Begriff der Autor:innen als *scripteur*, der als Schreibender der Sprache untergeordnet ist und nicht mehr das alleinige Subjekt des Textes darstellt. [11] Autor:innen erschaffen nur noch Texte als „Gewebe von Zitaten aus unzähligen Stätten der Kultur".[12] Durch die von Barthes erklärte Abwesenheit der Autor:innen wird die Autonomie der Autor:innen geschwächt. Gleichermaßen werden die Texte und Werke von ihren Schreiber:innen gelöst, sodass diese frei rezipiert und interpretiert werden können. Infolgedessen hebt Barthes die Leser:innen in den Vordergrund. Sie seien diejenigen, die „jedes Wort in seiner Zweideutigkeit versteh[en]"[13]. Die Rezipient:innen bringen das Wesen der Sprache, der Schrift hervor, da ihre eigenen Persönlichkeiten, ihre eigenen Biografien als Leser:innen irrelevant sind und sie so alle Bestandteile zu einer Einheit bringen, die das Geschriebene, das Werk ergeben. Der Tod der Autor:innen wird von Barthes als Geburt der Leser:innen postuliert.[14]

II.II. Autorschaft nach Weimar

Weimar untersucht den Begriff der Autorschaft von einem anderen Standpunkt aus, nämlich anhand der Schrift als solchen. Zunächst beschreibt er den Begriff Autor:in als „scheinbar neutrale Bezeichnung",[15] die er weiter differenziert: die

---

[10] Ebd. S. 186.

[11] Vgl. ebd. S. 187.

[12] Ebd. S. 190.

[13] Ebd. S. 192.

[14] Vgl. ebd. S. 192 f.

[15] Weimar 1999, S. 121.

Berufsbezeichnung Autor:in gegenüber den Personen mit Autorenrechten ohne die Berufsbezeichnung Autor:in. Nicht alle Personen, die Autorenrechte an ihren eigenen Texten haben, fallen auch unter die Berufsbezeichnung Autor:in, beispielsweise Journalist:innen.[16] Weimar beschreibt im Weiteren die *Schrift* als besonderes Produkt, welche essentiell für den Begriff von Autorschaft ist. *Schrift* definiert sich, nach Weimar, als etwas, dass „erstens geschrieben worden [sein muss], zweitens und deshalb von jemandem [geschrieben wurde] und drittens zu einem Zweck geschrieben [wurde]".[17] Letzteres kann darin bestehen, dass die *Schrift* gelesen werden soll. *Schrift* als Produkt zeichnet sich also dadurch aus, dass ihr ein Produktionsakt vorausgegangen ist. Im Gegensatz zu anderen Produkten, bei denen sich für oder gegen den Gebrauch oder die Nutzung der Dinge bewusst entschieden wird, wird die Schrift automatisch von den Rezipient:innen gelesen, sofern sie der Sprache mächtig sind und grundsätzlich lesen können. Sobald die *Schrift* gesehen wird, wird diese automatisch gelesen. Niemand kann sich dafür entscheiden eine *Schrift* anzusehen, ohne diese zu lesen. Weimar beschreibt dies als „unbeherrschbare Zwangshandlung".[18] Des Weiteren wird diese Nötigung des Lesens von *Schrift* als Durchführung des „Spracherzeugungsakt[es] einer hypothetischen fremden Person" [19] von Weimar bewertet. Der Akt des Lesens der Rezipientinnen wird als Versprachlichung von *Schrift* einer anderen Person als deren Vertreter:innen erklärt. Indem die Rezipient:innen die *Schrift* lesen, versprachlichen sie diese. Dadurch füllen Sie diese mit eigenem Input – sei es durch die Intonation, eigenen Emotionen, eigenem Verständnis, Interpretationen oder ähnlichem.[20] Den Leser:innen ist es infolgedessen nicht möglich, die Schriften exakt so zu rezipieren, wie die Autor:innen sie geschaffen haben. Weimar bezeichnet dies als „doppelte Autorschaft". [21] Diese doppelte Autorschaft besteht im Detail in der Unterscheidung von

---

[16] Vgl. ebd.

[17] Ebd., S. 124.

[18] Ebd. S. 125.

[19] Ebd. S. 127.

[20] Vgl. ebd. S. 128.

[21] Ebd. S. 131.

Autor:innen als Schriftautor:innen und den Rezipient:innen als Sprach-autor:innen. [22]

Im Gegensatz zu Foucault und Barthes spricht Weimar sich für das Konzept der Autorschaft aus. Die Autor:innen sterben folglich nicht, sondern werden um die Instanz der Rezipient:innen ergänzt. Diese entwickeln mit ihren eigenen Les-arten ihre eigenen Versionen der Texte.

III.   Das Web 2.0

Das sogenannte Web 2.0 bietet als gegenwärtiger Kulturraum den Entstehungs- und Austragungsort von Sozialen Netzwerken. Die Bezeichnung Web 2.0 folgt aus der Wandlung des Internets als reine Informationsquelle (Web 1.0) zum interaktiven Kommunikationsraum Web 2.0 für alle.[23] Das Medium Internet wird nicht mehr nur rein passiv genutzt, sondern kann von Nutzer:innen aktiv mitge-staltet werden und dient damit der vielfältigen Vernetzung und Interaktion. Infolgedessen werden unzählige Informationen ausgetauscht und verbreitet sowie der Öffentlichkeit des Internets offenbart.[24] Die Mehrzahl der neuen Ange-bote wie *YouTube, Wikipedia, Instagram, Facebook* und Bewertungsportale gestatten den Nutzer:innen die Möglichkeit, ihre persönlichen Inhalte, Texte und Einstellungen zu verbreiten und in die direkte Kommunikation mit anderen zu treten. Das Web 2.0 beabsichtigt folglich soziale Interaktion und Vernetzung seiner Nutzer:innen und bietet aktive Gestaltungsmöglichkeiten.[25]

Weiterhin erhalten viele klassische Medien im Zuge der Digitalisierung eine Neuauflage im Web 2.0. Unter klassischen Medien werden unter anderen die Angebote der Printmedien sowie Rundfunk und Fernsehen gefasst. Filme und

---

[22] Vgl. ebd. S. 130.

[23] Vgl. Moser 2010, S. 234 f.

[24] Vgl. Ertelt / Röll 2008, S. 9.

[25] Vgl. Moser 2010, S. 234 f.

Serien sind durch *YouTube, Netflix* und weitere Streaming-Angebote jederzeit online verfügbar. Ein Fernseh-Anschluss oder eine DVD werden heute nicht mehr benötigt, um Filme, Serien oder Nachrichten zu konsumieren. Viele Fernsehsender schalten zudem auch einen Livestream auf ihrer Homepage. Die Digitalisierung gilt auch für Radiosender, die ebenfalls mühelos online abgerufen und als Internetradio empfangen oder eigenständig produziert werden können. Gleichermaßen können auch sämtliche Artikel aus Zeitungen und Zeitschriften über deren Websites abgerufen werden, ganz ohne Print-Ausgabe. Durch diese Entwicklung und die daraus folgende omnipräsente Nutzung von Medien spricht Moser von einem insgesamt „digitalen Lebensstil" im Web 2.0.[26]

Darüber hinaus bietet das Web 2.0 die Möglichkeit des Austausches über sogenannte Weblogs. Als Weblogs gelten als privat und gewerblich betriebene Websites, die regelmäßig mit neuen Beiträgen aktualisiert werden. Die Beiträge bestehen aus Texten verschiedener Länge, inklusive Fotos oder weiterer Verlinkungen zu anderen Blogs oder Homepages. Die veröffentlichten Inhalte werden mit der Gesamtheit der Öffentlichkeit für alle zugänglich und laden zum Kommentieren ein. Der „kooperative Austausch zwischen Menschen mit geteilten Interessen und Lebenswelten" [27] gilt als Charakteristikum von Weblogs. Zudem werden drei kennzeichnende Nutzungsformen von Weblogs herausgearbeitet; die öffentliche und interpersonale Kommunikation, das Dialoginteresse, sowie die Darstellung durch die jeweiligen Autor:innen.[28]

III.I. Soziale Medien im Web 2.0

Das Web 2.0 gilt außerdem als Ort und Bedingung für die Sozialen Netzwerke. Soziale Netzwerke bestehen als mediale online Vernetzungsmöglichkeit verschiedenster Personen und Personengruppen und können auch als Online-

---

[26] Ebd. S. 223.

[27] Röll 2008, S. 85.

[28] Vgl. ebd. S. 85.

Community beschrieben werden. Solche Plattformen sind fester Bestandteil des digitalen Lebensstils. Nutzer:innen von Sozialen Netzwerken wie *Facebook* und *Instagram* legen ein eigenes Profil mit Namen oder Nutzernamen an. Weiterhin kann das Profil persönliche Daten wie Alter und Wohnort oder Fotos enthalten. Die Nutzer:innen sind frei in ihren Angaben und können so ein individuelles Profil, beziehungsweise eine mediale Visitenkarte, erstellen. Über dieses Profil treten sie in Kontakt mit anderen, teilen persönliche Inhalte und Meinungen, diskutieren mit anderen und reagieren mit *Likes*, Gefällt-mir-Angaben und Kommentaren auf Aussagen oder Bildformate anderer Personen. Soziale Netzwerke scheinen als Selbstläufer zu fungieren. Sie benötigen keine redaktionellen oder moderierende Instanzen, um die Kommunikation und Interaktion zu gewährleisten oder voran-zutreiben. Die Nutzer:innen präsentieren sich und ihre Meinungen ohne Zwang, tatsächlicher weitreichender Intention oder reinem Informationsinteresse. Sie stellen sich und ihre Ansichten dar, weil sie es wollen.[29]

Instagram gilt als eins der größten und stärksten Sozialen Netzwerke und zählt weit über eine Milliarde Nutzer:innen weltweit.[30] *Instagram* zeichnet sich als werbefinanzierter Onlinedienst durch das Veröffentlichen und Verbreiten von Fo-tos und Videos aus. Wie bei anderen Sozialen Netzwerken erstellen die Nutzer:innen ein Profil mit selbstkreierten Nutzernamen. Hierin können sie so-dann selber Inhalte posten und teilen sowie auf die Fotos und Videos anderer reagieren. Jeweilig angelegte Benutzerprofile können als (Mini-) Weblogs verzeichnet werden. Zudem werden unzählige Werbeanzeigen auf der Plattform veröffentlicht. Diese können von Firmen direkt in dem jeweiligen Feed geschaltet werden. Die Werbungen erfolgen aber auch über Blogger:innen und Influen-cer:innen, die Produkte vermarkten und bewerben. Blogger:innen und Influ-encer:innen zeichnen sich durch eine hohe Reichweite und viele Follower:innen aus. Sie teilen Inhalte, Meinungen, kurze Texte und Lebensstile.

---

[29] Vgl. Ertelt 2008, S. 54.

[30] Vgl. Roth 2020.

III.II. Digitale Literatur

So wie der Lebensstil sich digitalisiert und in das Web 2.0 ausgebreitet wurde, so ist auch Literatur digital zu finden und zu produzieren. Digitale Literatur beschreibt die Abgrenzung von Literatur gegen analog gesicherte Printliteratur. Mit digitaler Literatur kann auch klassische, analoge Literatur gemeint sein, die im Internet veröffentlicht wurde. [31] Die Literatur im Netz meint im wesentlichen „all jene […] traditionellen literarischen Texte [...], die einfach nur als lineare Zeichenketten eingescannt und auf vernetzten Computern abgelegt werden, um das Internet als Speicher- und 'Abrufmedium' zu nutzen".[32] Zu Literatur im Netz zählen entsprechend alle literarischen Werke, die über das Internet abrufbar und für die Nutzer:innen verfügbar werden. Zu einer der größten Plattformen für deutsche Literatur im Netz zählt das Projekt-Gutenberg. Diese im Jahr 1994 gegründete Sammlung „umfasst […] mehr als 10.000 Werke von über 2000 Autoren".[33] Die Werke können und dürfen durch Dritte publiziert werden, da sie frei von Urheberrechten sind. Das Urheberrecht erlischt, wenn die Autor:innen vor über 70 Jahren gestorben sind. Andernfalls wurde dem Projekt-Gutenberg die Veröffentlichung erlaubt.[34]

Netzliteratur bedient sich im Gegensatz zu Literatur im Netz an den kommunikativen, sozialen und technischen Möglichkeiten des Internets: „Software und Hardware des Computers sowie netzspezifische Techniken und Kommunikationsmuster des Internets werden dabei als Stilmittel zur Textproduktion eingesetzt".[35] Für Netzliteratur relevante Merkmale sind Interaktivität, Intermedialität und Inszenierung. [36] Interaktivität meint die Teilhabe beispielsweise durch Kommentarfunktionen der Rezipientinnen an dem Werk; Intermedialität wird

---

[31] Vgl. Hartling 2002.

[32] Schäfer 2004, S. 77.

[33] Hille & Partner.

[34] Vgl. Projekt-Gutenberg.

[35] Hartling 2002.

[36] Vgl. Simanowski 2001, S. 5.

durch die Überschneidung und Verbindung verschiedener Medien (Text, Bild und Ton) erzielt, die wiederum ein neues Gesamtkonstrukt bilden. Die Inszenierung entwickelt sich durch die Programmierung, die die Bestandteile verknüpft und in Szene setzt. [37]

Fraglich ist, welche Relevanz den Autor:innen im Kontext der Netzliteratur zuge-sprochen wird. Harting erklärt, traditionelle Autor:innen „[geben] [ihre] physi-sche[n] Präsenz[en] an eine virtuelle Funktion [ab]".[38] Viele Autor:innen von Netz-literatur seien ohnehin keine klassischen Autor:innen, sondern Webde-signer:innen und Werbetexter:innen. Häufig wird Netzliteratur auch von einem Zusammenschluss verschiedener Personen erschaffen.[39] „Der Tod de[r] Autor[:innen] geht einher mit der Entmachtung von Verleger[:innen] und Lektor[:innen]".[40] Des Weiteren wird auch den Rezipient:innen nicht nur eine passive Rolle zugeschrieben, sie können aktiv an den Texten mitwirken.

Netzliteratur scheint die literaturwissenschaftlichen Theorien von Barthes und Weimar zum Konstrukt der Autorschaft zu verbinden: die Autor:innen verlieren ihre Wertigkeit und die Rolle und Teilhabe an dem Werk der Rezipient:innen wird herausgestellt.

III.III. Instagram als Plattform für Autor:innen

Die gelernte Krankenschwester Jana Huhn, auf *Instagram* bekannt als @vonkopfbisfuss_[41], teilt auf der Plattform Fotos, Videos und Texte zu den The-men Interior, Fashion, Feminismus, Selbstliebe und Lifestyle. Mit ihren Postings erreicht sie über 111 Tausend Follower:innen (Stand 27.10.20). Die einst reine Bilderplattform Instagram nutzt sie nicht nur, um visuelle Reize zu setzen, ihre

---

[37] Vgl. ebd.

[38] Harting 2002.

[39] Vgl ebd.

[40] Ebd.

[41] https://www.instagram.com/vonkopfbisfuss_/

Bilder und Videos fungieren vielmehr als Titel für die jeweiligen Bildunterschriften. Ihre Bildunterschriften beschreiben oder kommentieren dabei nicht das Bild in wenigen Wörtern, Sätzen oder *Hashtags*, ihre Bildunterschriften lassen sich mit kleinen Kolumnen vergleichen. Jana Huhn erzählt aus ihrem Leben, erzählt ihre Geschichte, was sie liebt und was sie bewegt. Dabei gibt sie Denkanstöße, die ihren Rezipient:innen helfen können sich weiterzuentwickeln. Vor allem aber publiziert sie Texte, sie schreibt diese, hat die Urheberschaft an diesen und veröffentlicht diese, damit sie gelesen werden. Im Zuge ihrer Zusammenarbeit mit @thefemalecompany auf Instagram wurde sie Autorin für deren *Blogazine* und schreibt Kolumnen.[42] Ist sie denn nun wirklich eine Autorin? Schließlich schwindet doch die Relevanz von Autor:innen in der Netzliteratur. Ihre Art der Veröffentlichung auf Instagram zählt durch die Intermedialität und Inszenierung eindeutig zur Netzliteratur.

Im Rahmen der Recherche für diese Arbeit konnte die Influencerin Jana Huhn auf *Instagram* kontaktiert und ihr zwei kurze Fragen gestellt werden. Sie selbst nimmt sich als *gar nichts* wahr und hört auf ihr Bauchgefühl, wenn sie handelt, schreibt sie. Sie sieht sich nicht unbedingt als Schriftautorin, wie sie es nach Weimar sein könnte, sondern vielmehr als Autorin ihrer eigenen Geschichte. Dies zeigt einen weiteren Aspekt von Autorschaft, der vielleicht weniger literaturwissenschaftlich, dafür jedoch gesellschaftswissenschaftlich ist. Das Konstrukt von Autorschaft umfasst einen Prozess, der Schrift mit eigenem Denken, eigenen Intentionen vereint. Dies geschieht sowohl auf der Schaffensseite als auch auf der Rezipierseite. Schrift vermittelt einen Inhalt, welche mit Emotionen und Gedanken ausgeschmückt werden. Dies gilt im Grunde nicht nur für ein literarisches Werk sondern auch für das eigene Leben, die eigene Geschichte, wie Jana es nennt.

Durch Instagram als Plattform wurde Jana Huhn zu einer Autorin. Sie erfüllt die Merkmale von Autorschaft: Ästhetisch-ideologisch, Psychologisch-hermeneutisch und Juristisch-ökonomisch. Das Web 2.0 vereinfacht die Art und Zugänglichkeit zu eigenen Publikationen, ohne deren Wert zu mindern.

---

[42] https://www.thefemalecompany.com/magazin/sex-als-eltern/.

IV. Fazit

Das Konstrukt von Autorschaft wird aus verschiedenen Perspektiven diskutiert und durch viele Faktoren beeinflusst. Ob nun also der Tod von Autor:innen, wie er durch Barthes ausgerufen wurde, durch das Internet und das Web 2.0 vorangetrieben wird? Die Digitalisierung bringt viele Veränderungen und Fortschritte für die Gesellschaft mit sich. Die Literatur ist von diesen Veränderungen nicht unberührt. Die Möglichkeiten für Rezipient:innen auf (literarische) Texte zuzugreifen steigen, genauso wie die Möglichkeiten eigene Texte zu produzieren und zu veröffentlichen. Die vermeintlich vereinfachte Produktion von Texten im Netz kann zu der Annahme führen, die Autor:innen verlieren an Bedeutung. Doch das Internet schmälert die Relevanz von Autor:innen nicht, im Gegenteil; Autor:innen haben durch das Web 2.0 die Möglichkeit, sich mit ihren Leser:innen auszutauschen und diese teilhaben zu lassen. Dadurch löst das Web 2.0 die Differenzen von Autor:innen und Leser:innen, die zuvor in literaturwissenschaftlichen Theorien hervorgebracht wurden. Außerdem gewinnen die Autor:innen von Netzliteratur an Autonomie: was vorher von den Leser:innen gedanklich hinzugefügt und ausgefüllt wurde, wird nun durch die Autor:innen in mit Bildern, Grafiken, Akustik und Verlinkungen gefüllt. Die Autor:innen können ihre Rezipient:innen stärker denn je lenken und ihre Werke besonders personalisieren. Dies zeigt sich besonders am Beispiel von Jana Huhn auf *Instagram* (@vonkopfbisfuss_). Die Bilder ihrer Postings verleihen den Texten in den Bildunterschriften besonderen Ausdruck und Persönlichkeit. Die Rezipient:innen verbinden mit ihren Kolumnen die Fotos und die dadurch übertragenen Emotionen.

Am Beispiel von @vonkopfbisfuss_ werden zudem auch die gesellschaftlichen Perspektiven auf Autorschaft sichtbar. Der Schaffensprozess und die Urheberschaft sind an die Autorschaft geknüpft. Außerdem kann an ihrer Entwicklung gezeigt werden, dass die Digitalisierung Menschen ermöglicht und erleichtert, Autor:in zu werden oder sich als solche zu verstehen und zu einer zu entwickeln. Digitale Autorschaft hat viele Facetten und birgt zahlreiche Möglichkeiten, auch für die Vervielfältigung von analogen Werken.

Literaturverzeichnis

Bäumer, R.: Autor. In: Borchmeyer, Dieter/Zmegac, Viktor (Hg.): Moderne Literatur in Grundbegriffen. Tübingen: Niemeyer 1994. S. 33 - 40.

Burdorf, D. u.a. (Hg.): Metzler Lexikon Literatur. Begriffe und Definitionen. 3. Auflage. Stuttgart: Metzler 2007.

Ertelt, J.: Netzkultur 2.0 – Jugendliche im globalen Dorf. In: Ertelt, J., Franz Josef Röll (Hg.): Web 2.0. Jugend online als pädagogische Herausforderung. München: kopäd 2008, S. 50 - 58.

Ertelt, J./ Röll, F: Einleitung. In: Ertelt, J., Franz Josef Röll (Hg.): Web 2.0. Jugend online als pädagogische Herausforderung. München: kopäd 2008, S. 9 - 18.

Gfrereis, H. (Hg.): Literatur. Stuttgart: Metzler 2005.

Jannidis, F. et al. (Hg.): Texte zur Theorie der Autorschaft. Stuttgart: Reclam 2000.

Moser, H.: Einführung in die Medienpädagogik. Aufwachsen im Medienzeitalter. Wiesbaden: VS Verlag 2010.

Röll, F.: Weblogs als Instrumente des Informations-, Beziehungs-, Identitäts- und Wissensmanagement. In: Ertelt, J., Franz Josef Röll (Hg.): Web 2.0. Jugend online als pädagogische Herausforderung. München: kopäd 2008, S. 85 - 96.

Schäfer, J.: Text-Spiele. Anmerkungen zur Netzliteratur. In: Sprache und Literatur 93 (2004). S. 76 - 87.

Simanowski, R.: Autorschaften in digitalen Medien. Einleitung. In: Text & Kritik, Heft 152 (Oktober 2001), S. 3 - 21.

Tuschling, J.: Autorschaft in der digitalen Literatur. Materialien und Ergebnisse aus Forschungsprojekten des Instituts. Heft 19. Bremen: ifkud 2006.

Weimar, K.: Doppelte Autorschaft. In: Jannidis, F. et al. (Hg.): Rückkehr des Autors. Zur Erneuerung eines umstrittenen Begriffs. Tübingen: Nimeyer 1999. S. 123 - 133.

Internetquellen

Harting, F.: Netzliteratur: Begriff - Handlungsrollen – Dispositiv. URL: https://www.netzliteratur.net/hartling/netzliteratur_begriff_handlungsrollen_dispo sitiv.htm#zweieins (24.10.20).

Hille & Partner. URL: http://www.abc.de/index.html (24.10.20).

Roth, P.: Offizielle Nutzerzahlen: Instagram in Deutschland und weltweit. 06.10.2020. URL: https://allfacebook.de/instagram/instagram-nutzer-deutschland# (20.10.2020).

Projekt-Gutenberg. URL: https://www.projekt-gutenberg.org/info/texte/info.html (24.10.20).

BEI GRIN MACHT SICH IHR WISSEN BEZAHLT

- Wir veröffentlichen Ihre Hausarbeit, Bachelor- und Masterarbeit

- Ihr eigenes eBook und Buch - weltweit in allen wichtigen Shops

- Verdienen Sie an jedem Verkauf

Jetzt bei www.GRIN.com hochladen und kostenlos publizieren